GERIR NA ERA **DIGITAL**

Nuno Ribeiro

GERIR NA ERA **DIGITAL**

Nuno Ribeiro

Prefácio por Rui Pêgo

Os lucros deste livro revertem a favor da
CERCI Lisboa
Cooperativa de Educação e Reabilitação de Cidadãos Inadaptados, CRL

Edição / 2011
Também disponível em formato *eBook*
www.gerirnaeradigital.com

Título: Gerir na Era Digital
Autor: Nuno Ribeiro
Prefácio: Rui Pêgo
ISBN: 978-1463772185
Copyright: Nuno Ribeiro, 2011

Revisão: Sandra Dias Lucas, Isabel Rei, Eduardo Ribeiro e Paulo Fonseca
Capa: Hugo Vicente
Paginação: José Galvão e Hugo Vicente
Apoio técnico na publicação: José Galvão
Fotografia: Rui Freire

Lucros da venda deste livro revertem a favor da:
Cerci - Cooperativa de Educação e Reabilitação de Cidadãos Inadaptados
Av.ª Avelino Teixeira da Mota Lote E 1950-033 Lisboa
Telefone: (+351) 21 839 17 00
Fax: (+351) 21 859 87 48
Email: geral@cercilisboa.org.pt
Site: www.cercilisboa.org.pt

Editor:
Lulu.com - 3101 Hillsborough St.| Raleigh NC | 27607-5436

À minha mulher Sandra e aos meus filhos Rodrigo e Sofia
Aos meus pais, Carlos e Clementina
Ao meu irmão Rui

Índice

Nota Introdutória

No início de 2008, a Carla Ferreira Borges – Diretora do Jornal Meios & Publicidade, lançou-me o desafio de escrever artigos sobre as alterações dos Media na área digital. Aceitei o desafio com a condição de os publicar no blogue – Cibertransistor.com – como forma de garantir a interação com os leitores e manter um arquivo digital (vivo).

Ao longo destes três anos fui arrumando em (hiper)texto ideias, reflexões e análises para o Meios & Publicidade e para o Cibertransistor.com.

Ao fim destes anos, percebi que valia a pena compilar, arrumar e atualizar estes textos e fazer este livro porque há serviços on-line que facilitam e simplificam muito o processo. Decidi para tal, recorrer aos serviços online que permite a publicação em formato papel e em formato electrónico (*eBook*) e uma distribuição mais abrangente. Assim, a decisão de fazer este livro foi "espontânea" e a sua publicação "instantânea".

Decidi doar todos os lucros deste livro à CERCI de Lisboa – Cooperativa de Educação e Reabilitação de Cidadãos Inadaptados, porque no dia-a-dia frenético que muitos de nós vivemos nos esquecemos que há pessoas, crianças ou adultos, que por diversos motivos encontram maiores dificuldades de se adaptar à nossa sociedade e há muitas instituições como a CERCI que têm como missão ajudar e proporcionar uma vida melhor a estas pessoas.

A evolução tecnológica e a nova Era Digital podem também ajudar muitos dos que recorrem a estas instituições a evoluir, a adaptar-se ou simplesmente expressar-se. Nós como cidadãos podemos dar o nosso contributo nesta missão social e de solidariedade. Esta foi uma das formas que encontrei de dar um contributo, e para si que comprou e/ou leu este livro, também está a contribuir nesta missão.

GERIR NA ERA DIGITAL

Agradecimentos

Agradeço a todos aqueles com quem tive oportunidade de trabalhar, debater e refletir as alterações que a tecnologia, as telecomunicações e os (novos) media estão a provocar nas sociedades.

Mas, quero deixar um obrigado especial:

- À Carla Ferreira Borges por me ter desafiado a escrever no Meios & Publicidade, cujos artigos foram o primeiro "embrião" deste livro.

- À administração da Controlinveste e a todos os elementos da equipa da direção de Negócio Multimédia pela confiança, empenho e dedicação ao trabalho de gestão de mudança ao longo destes últimos três anos.

- Ao Rui Pêgo, amigo e grande profissional da comunicação que admiro há anos e que aceitou fazer o prefácio deste livro.

Obrigado

Nuno Ribeiro
Lisboa, 5 de Janeiro de 2011

Prefácio por Rui Pêgo

Um mundo em permanente transformação, particularmente no início de uma nova Era, produz angústias (sociais) diversas, perplexidades (económicas) várias, equívocos (empresariais) fatais, com impactos aterradores no plano individual e na forma como nos habituámos a relacionar com o que nos rodeia.

É disto que nos fala o livro de Nuno Ribeiro. Protagonista e espectador atento das transformações a que temos vindo a assistir, ele sistematiza, numa linguagem acessível, a tremenda complexidade dos processos de reorganização das empresas e dos negócios, sem nunca se deixar tentar pela ideia confortável do definitivo. Diz mesmo, no primeiro capítulo, que "pretende reflectir os desafios e realidades que hoje vivemos, mas amanhã tudo pode mudar...".

No "olho do furacão", a indústria de Media (tradicional) tem desenvolvido iniciativas, nem sempre da forma mais acertada, é verdade; mas tem tomado decisões com algum alcance estratégico, que têm permitido reconverter modelos de produção (muitas vezes ainda de forma tímida) e adaptar-se às exigências da realidade atual.

O ambiente (digital) em que nos movemos e, sobretudo, as alterações dos padrões de consumo de media exigem dos meios tradicionais (rádio, televisão, imprensa) um esforço suplementar para se adaptarem a um universo multiplataforma, com vista a capturar os diversos públicos que, progressivamente, têm vindo a deslocar a sua atenção e preferências para novos suportes, contactando os meios tradicionais e os novos media de modo integrado.

Esta nova realidade coloca a oferta de conteúdos (preferencialmente diversificada e diferenciadora) no centro do negócio, com valor estratégico para drenar múltiplos segmentos de consumidores, cada vez mais exigentes, tornando absolutamente indispensável a multiplicidade de suportes de distribuição. Assim, a reformulação dos circuitos de produção, simplificando o fluxo de conteúdos entre plataformas, a reestruturação da organização do trabalho e o recrutamento de novas competências, são fatores decisivos para produzir uma resposta adequada aos diferentes públicos que, embora alguns preservem ainda hábitos de consumo tradicionais, têm hoje novas necessidades.

A velha relação entre emissor e recetor, esfrangalhou-se. Embora muitos de nós ainda oiçam rádio, no rádio; vejam televisão, no televisor; e não resistam à intimidade com o papel de jornal, o "estatuto" do recetor está a evoluir para o centro (do universo mediático). É ele quem escolhe os emissores (de notícias, de entretenimento) que pretende, quando deseja, no horário que mais lhe interessa. Produz os seus próprios conteúdos (*UGC, user generated content*), e disponibiliza-os sem necessitar de qualquer autorização. Produzir conteúdos próprios ou participar nas programações não é novo (a rádio construiu, desde sempre, conteúdos com os seus ouvintes); o que é novo é a capacidade do recetor/consumidor publicá-los sem recorrer a "centros de emissão" institucionalizados.

Vivemos num mundo em que os jornais usam áudio e vídeo; os telemóveis tocam música, são verdadeiras centrais de informação; tablets são fontes inesgotáveis de informação e entretenimento; em que imagens da rádio abrem jornais televisivos. Isto é, conteúdos com origens diversas convivem no mesmo ambiente (digital), disputando a atenção dos consumidores, o que tem vindo a alterar de forma consistente os hábitos de consumo. Tendencialmente, cada vez menos pessoas se deixarão ficar sentadas na margem a ver o "Rio" passar. Cada vez mais pessoas passarão a preferir o "Lago", para citar a imagem feliz de Christian Nissen, quando se refere à programação linear e a concentração de conteúdos para descarregar. A confirmar-se o que parece ser já muito mais do que uma tendência, cada vez mais pessoas consumirão de forma não tradicional. (33% dos consumidores Internet escutam rádio ao mesmo tempo. A rádio, de resto, é o meio tradicional mais forte em todos os estudos sobre multitasking - Fonte: Havas).

Definitivamente, neste nosso tempo, os meios tradicionais já não se ouvem, vêem ou lêem apenas (e cada vez menos) nos aparelhos habituais ou no papel. Expandiram-se para outros territórios. Ganharam uma nova vida.

Rádios, televisões e jornais tenderão a fazer convergir os seus conteúdos para outras plataformas e outros suportes, de modo a disponibilizá-los *anytime* e *anywhere* (com claro prejuízo para o *prime-time*, em desvalorização acelerada), levando os consumidores a "tropeçarem" no que produzem. Cada vez mais, será a capacidade para convergir (com outros meios), distribuir (em suportes múltiplos) e diversificar (conteúdos) que tornará os grandes produtores (os velhos emissores de notícias e entretenimento) relevantes.

E esta evolução será tanto mais rápida quanto mais depressa se encontrar a solução adequada de medição. Esta será a questão essencial do mercado, nos próximos tempos. O que o mercado vai querer saber é quanto é que vale cada conteúdo nas diversas plataformas e suportes. E nenhum dos instrumentos de medição disponíveis, resolve o essencial: medir conteúdos, na sua distribuição linear e nas diversas aplicações, que é exactamente o que o mercado exigirá saber. Um dia, quando o negócio do LAGO (de conteúdos) se impuser ao actual RIO (da programação linear) ou quando o mercado determinar que os dois coexistirão, somando-se, encontraremos uma solução.

Nos últimos 20 anos mudou tudo, ou quase. Mudou a forma como se produz. Mudou a forma como se distribui. Mudou a forma como se consome.

A inovação tecnológica não parará de nos surpreender e contribuirá fortemente para acelerar o processo de convergência de meios e a integração de conteúdos. Mas, no essencial, a questão tecnológica está resolvida. Resta saber se as empresas, neste conturbado "período de transição", terão capacidade (e inteligência) para reconverter profissionalmente as pessoas e alinhá-las com as novas exigências. Também neste nosso tempo, são as pessoas que vão fazer a diferença.

O nosso principal problema pode ser, como diz Nuno Ribeiro nas suas notas finais, " a inércia e a dificuldade em adaptar e reorganizar as empresas", dotando-as de capacidades para responderem "às novas realidades e desafios empresariais provocadas por mudanças abruptas".

A inércia, a incapacidade para mudar de vida, pode ser mesmo a nossa perdição como indivíduos, uma fatalidade para as empresas e para os países. Neste caso, não resisto a contar aqui uma história que ouvi uma vez a Mia Couto.

Um dia, ele encontrou dois miúdos sentados num muro.

Perguntou a um deles: o que é que estás aí a fazer?

Ele respondeu, nada. E tu, o que estás a fazer?, perguntou ao outro. Estou a ajudá-lo.

Nós podemos fazer a mesma coisa, podemos ver os sinais - a crescente utilização da Net; os telemóveis última geração; os automóveis equipados com rádios IP, em que só se ouve o que se quer; o crescimento do cabo; a explosão dos *tablets*; o *On Demand*, como uma coutada de excêntricos – e não fazer nada.

Podemos continuar sentados no muro, como os miúdos da história de Mia Couto, mas estaremos sentados em cima de duas certezas: este nosso tempo varrer-nos-á com a facilidade de um tsunami e arrastará, consigo, na enxurrada, o muro que nos serve de abrigo. Os muros da História também caem, como sabemos.

Rui Pêgo

I – Amanhã Tudo Pode Mudar

A entrada numa nova Era, como é o caso da atual Era Digital, não é pacífica, do ponto de vista empresarial, social, económico e nem mesmo a nível individual.

Os impactos são enormes e assistiremos a alterações profundas a todos os níveis. Os líderes de hoje, dificilmente serão os líderes desta nova Era. Assistiremos ao desmoronar de empresas e a grandes alterações comportamentais individuais com impactos significativos no consumo de bens e serviços.

Uma das indústrias no epicentro destas alterações é a indústria dos Media e Entretenimento que verá os modelos de negócio sofrer alterações que mudarão para sempre os modelos de produção, distribuição e consumo.

Os processos de mudança e de reorganização são sempre complexos e, neste momento, temos o desafio em perceber esta nova realidade.

Em meados dos anos 90, com as explosão das *start ups* tecnológicas e das capitalizações bolsistas em torno das *dot com*, houve uma corrente de pensamento que alimentou a ideia de uma mudança radical que não era possível ser explicada pelos modelos económicos e lógicas de gestão empresarial tradicional. Afirmavam que estávamos numa "Nova Economia".

Esta perceção de que estaríamos a viver uma nova lógica económica e que obrigaria a novos modelos económicos foi criada pela incompreensão de estarem a nascer novos mercados em indústrias tradicionais (exemplo: publicidade digital na indústria dos Media), ou mesmo novas indústrias como é o caso da indústria dos videojogos.

Em 2000, com o colapso de muitas empresas tecnológicas provocado pela insustentabilidade económica das mesmas, foi claro para todos que os modelos económicos e as lógicas de gestão se mantinham inalterados e válidos.

Quando tudo parecia estar claro, Chris Anderson (diretor da revista Wired), lançou a confusão com dois livros: Cauda Longa (2006) e Grátis (2009).

Cauda Longa assenta na teoria de que um bem produzido e distribuído digitalmente tem custos muito baixos que permitem a sua rentabilização no longo prazo, o que o levou à construção de uma segunda teoria, em que a abundância levará a que tendencialmente os produtos serão grátis.

As alterações a que hoje assistimos provocaram um choque tecnológico positivo que levou ao aumento da produtividade e à descida dos custos de distribuição com impacto direto no preço. Mas, como sempre, não há "almoços grátis".

Por isso, Chris Anderson cometeu erros básicos de análise económica e ignorou a capacidade das estratégias de gestão e marketing influenciarem o comportamento dos consumidores. Esqueceu-se também do contínuo aparecimento de novos mercados/ecossistemas e de novos dispositivos de consumo de Media.

As suas teorias já foram alvo de críticas na comunidade académica sendo a mais acutilante levada a cabo pela Professora da Harvard Business School - Anita Elberse.

Para os gestores e economistas os desafios são cada vez maiores. Todos os dias surgem novas realidades a um ritmo cada vez mais acelerado. Este livro pretende refletir os desafios e realidades que hoje vivemos.

Mas amanhã tudo pode mudar.

II – Gestão da Mudança na Era Digital

Atualmente, quase todos os negócios são digitais.

Para algumas organizações, a digitalização dos seus negócios foi e ainda é o maior desafio do ponto de vista de gestão da mudança. Umas foram pioneiras, outras apanharam o "comboio" e outras resistiram até não poder mais (e leia-se que não podem mesmo). Mas, todas acabaram por render-se ao chip, às redes, à base de dados, ao *data center*, ao comércio electrónico e à publicidade on-line.

A Era da digitalização abriu novos horizontes, mas também mudou muitos paradigmas em praticamente todas as indústrias. Das mais pequenas às maiores empresas, a obrigatoriedade de uma redefinição dos modelos económicos e de gestão, revelou-se mesmo um fator determinante para os bons resultados.

Veja-se o caso da gigantesca Kodak que teve de abandonar o modelo que seguia há anos para se adaptar à fotografia digital. Mas se para a indústria da fotografia esta mudança já está numa fase avançada, na indústria dos Media e Entretenimento parece ainda estar no início. A Internet abriu o apetite para o consumo de conteúdos aos mais variados públicos, captando mais e novos leitores, espectadores, utilizadores, etc.

O mercado passou a ser o Mundo.

O que diferencia os projetos globais é o facto de quererem ser cada vez mais locais. É neste ponto que incide a oportunidade dos Media tradicionais, pois os conteúdos de proximidade, a credibilidade local e o idioma são inequivocamente fatores-chave de diferenciação, e já levaram muitos *players* internacionais a "traduzirem-se", como é por exemplo o caso do portal Yahoo! com as várias operações em diversos países.

A adaptação a esta nova realidade quer-se rápida, numa altura em que não param de surgir *players* nascidos com ADN digital, com modelos dinâmicos de gestão e com capacidade de mudança permanente.

Porque é que projetos como YouTube ou a last.fm não foram criadas por uma estação de televisão ou de rádio? Simplesmente porque nenhum dos meios tradicionais tinha percecionado o meio digital com este potencial. Muitos disseram: *"Eu não acredito na Internet"*, quando na realidade não era uma questão de fé, mas sim de visão.

Muitos por inércia, outros por falta de competências e conhecimentos nas suas equipas ou pelo medo de "canibalização" ficaram criativamente "cegos" na utilização destas novas plataformas.

Esta mudança na adaptação aos novos paradigmas ainda está no início. Refiro-me concretamente, neste contexto, à boa gestão da multiplicidade de dispositivos onde os conteúdos podem ser consultados e à forma como são disponibilizados aos consumidores. Parece simples, mas é tudo menos isso.

É precisamente a abordagem "simplista" que condena muitos à partida.

Veja-se o caso da Rádio que é, na minha opinião, o meio que tem o ADN mais próximo da Internet, pelo seu poder de síntese na forma de comunicar, imediatismo e interatividade com o ouvinte onde o telefone é desde sempre o principal canal usado para que os ouvintes sejam geradores de conteúdos.

Isto reitera o conceito de *UGC - User Generated Content*, que não é novo e nem sequer foi criado pela Internet, esta apenas o batizou.

Os maiores sucessos da História da Rádio foram programas que promoviam a interatividade e a criação de conteúdos pelos ouvintes, como por exemplo: "Quando o Telefone Toca", "Passageiro da Noite" e ainda hoje o "Fórum TSF".

Recordo-me que nos meus tempos de liceu deixava programas como o TNT - Todos No Top e Rock em Stock da Rádio Comercial a gravar para uma cassete enquanto ia para as aulas. Hoje, subscrevo podcasts (áudio, vídeo e newsletters).

O que mudou de facto foram as possibilidades tecnológicas. Hoje, temos acesso permanente aos conteúdos no computador, telemóvel, Playstation, iPhone, iPod, iPad, Kindle, entre outros.

A indústria da distribuição também sofre do mesmo receio da "canibalização", continuando a alimentar a "guerra" dos formatos – DVD, HD DVD e BluRay – quando já é claro que o que vai prevalecer são os downloads e o *streaming* em tempo real e a pedido.

Quem percebeu claramente esta tendência foi a Apple, ignorando todas as críticas à AppleTV (*Set-Top Box*) relativamente á "falta de um leitor de DVD", quando há muito já se tinha posicionado no mercado da distribuição digital com o iTunes.

Nesta nova realidade de globalização e digitalização, seja qual for a indústria, acredito que vencerão os *players* que tiverem a maior capacidade de adaptação e rapidez de implementação de novas formas de gestão, tal como Darwin[1] postulou de forma semelhante, noutro contexto, em certa altura – a sobrevivência dos mais aptos, nem sempre os mais fortes, mas sempre os mais adaptativos.

E se este movimento nas organizações é importante, não é menos relevante para a competitividade das Nações que está cada vez mais dependente da digitalização das suas indústrias, e mais ainda agora, em tempo de psicose de crise, em que a questão da sobrevivência é de facto uma questão real e prática.

GERIR NA ERA DIGITAL

III – Visionários

No início da Internet fizeram-se muitas previsões sobre o impacto que esta viria a ter na sociedade. À medida que as previsões passavam a ser realidade foram surgindo várias denominações para o que estava a acontecer e para o que se previa, como por exemplo: "revolução das comunicações", "autoestrada da informação", "revolução da informação" e "revolução digital". O que poucos conseguiram perceber, é que entrámos numa nova Era, a Era Digital.

Nicholas Negroponte, fundador do Media Lab do Massachusetts Institut of Technology (MIT), um dos primeiros e talvez o mais respeitado dos visionários, partilhou as suas ideias no livro Ser Digital[2]. Negroponte explica a base em que assenta a alteração para a Era Digital: a transformação de átomos para bits. Ou seja, a passagem de muitos negócios do físico para o digital e o impacto que terá nas várias indústrias.

Seguiu-se o fundador da Microsoft, Bill Gates, outro visionário e um dos maiores impulsionadores desta nova Era, que lançou o livro Rumo ao Futuro [3].

Independentemente dos livros editados, desde muito cedo se percebeu que as novas tecnologias provocariam grandes alterações socioeconómicas. As visões e previsões sobre o futuro criaram expectativas de resultados a curto prazo e isso provocou aquilo que ficou conhecido como "Bolha da Internet".

Os principais motivos deste atraso na concretização das visões e previsões foram:

- A maturação e massificação da tecnologia e o acesso Internet em banda larga mais lentos do que se previa.
- As diversas indústrias que viram os seus negócios de "átomos" ameaçados criaram resistências à mudança, evitando e atrasando as alterações nos modelos de negócio e de operações, o que criou oportunidades para novos *players* em várias indústrias – Música, Media, Retalho, Viagens, etc.

Hoje, já ninguém tem dúvidas sobre o impacto dos "bits" na sociedade.

Entrámos na Era Digital e à medida que avançamos tudo se torna mais rápido. Muitas indústrias e profissões vão mudar totalmente ou mesmo desaparecer, e com isso, vão surgir novas oportunidades de negócio, novos mercados e novas competências profissionais.

Por exemplo, os Media têm novos canais de distribuição de conteúdos que criam novas oportunidades para chegar mais facilmente a novos mercados, oferta de novos formatos de publicidade (on-line), venda de conteúdos e/ou serviços. Estes novos canais obrigam à criação de novas competências para analisar e medir audiências (analista e gestor de tráfego), programar campanhas em novas ferramentas (operações de publicidade), etc.

A Era Digital obriga a uma maior racionalidade na gestão das organizações, onde a tecnologia desempenha um papel cada vez mais importante na eficiência da gestão.

Já é claro que as organizações têm de se reinventar, que os negócios têm de ser mais inovadores e que surgirão novos líderes na gestão e na política. Surgem também as dúvidas existenciais sobre se estamos num novo modelo de capitalismo ou socialismo [4].

IV – Alterações no Modelo de Negócio dos Media

A digitalização e a comunicação em rede (IP – *Internet Protocol*) estão na origem das profundas alterações a que hoje assistimos na nossa sociedade. Todas as indústrias viram os seus modelos de negócios e de operações alterados, mas a indústria que maior impacto sentiu foi a indústria dos Media e Entretenimento e estamos ainda no primeiro abalo de um enorme "terramoto"...

Este "mundo novo" para o setor dos Media e Entretenimento abre novas oportunidades, mas obriga a uma grande perceção das alterações sociais e económicas. Algumas destas alterações e impactos foram antecipadas em 1998 pelo ciberfuturologista Chuck Martin no livro *Net Future* [5].

Nesta indústria, os principais abalos foram, e estão a ser, provocados por três fatores:
- Convergência de conteúdos
- Web 2.0 (redes sociais)
- Fator geracional - cruzamento das gerações: *Baby Boomers*, Geração X, Geração Y e Nativos Digitais

IV.1 - Convergência de Conteúdos

A grande causa da alteração de paradigma nos Media é a convergência de conteúdos que teve impactos profundos em toda a operação dos negócios de Media.

- Produção de conteúdos digitais
Nos Media, este impacto foi enorme. Pela primeira vez, conteúdos de texto, áudio, imagem e vídeo passam a partilhar as mesmas plataformas, enriquecendo a informação e o entretenimento com conteúdo multimédia.

- Distribuição e aumento da concorrência

A evolução das plataformas, mesmo as tradicionais, estão a mudar para plataformas de distribuição com tecnologia digital (como por exemplo: DVB/TDT – Televisão Digital Terrestre e *DAB - Digital Audio Broadcast*). Por sua vez, os conteúdos estão disponíveis em múltiplos dispositivos[6], muitos deles evoluíram e convergiram nas funcionalidades.

A oferta de conteúdos aumentou substancialmente e as fronteiras entre os meios de distribuição desaparecem. A tradicional separação de conteúdos está ausente nos meios digitais onde a Imprensa, a Rádio e a Televisão passam a competir no mesmo espaço por audiências e receitas. Para além disso, as plataformas digitais assentes na distribuição IP têm poucas barreiras à entrada o que levou a um aumento de novos *players* no mercado.

- Fragmentação de audiências

As diversas possibilidades à disposição dos consumidores para acederem aos conteúdos provocou uma fragmentação da audiência por múltiplas plataformas e dispositivos, que levou a uma enorme alteração do modelo de consumo e de paradigma ao qual Christian Nissen batizou de "O Lago"[7], onde os consumidores escolhem o que querem, no momento e no dispositivo que querem, terminando com a "ditadura da programação" e o consumo linear.

- Fontes de receita

A publicidade tradicional foi durante muito tempo a única fonte de receita da Televisão e Rádio (em sinal aberto). No caso da Imprensa, a venda em banca e a publicidade eram as duas principais fontes de receitas deste meio. Hoje, a realidade destes Media é diferente e dispersa-se por várias plataformas criando novos mercados de publicidade digital (*display, search, branded content, branded experience, branded engagment, in-game advertising, rich media*, etc.).

O negócio tornou-se mais complexo e obriga a alterações profundas nas organizações de Media, principalmente ao nível tecnológico e de recursos humanos.

As plataformas digitais trouxeram consigo a capacidade de medição das audiências em tempo real, o que representa também uma profunda alteração na forma de gerir e criar oferta publicitária.

Para além disso, o meio digital criou também a possibilidade de novos modelos de negócio, como conteúdos pagos (exemplo: canais de TV por cabo, TDT, venda de conteúdos on-line, etc.), venda de bens físicos e digitais, assim como serviços nestas novas plataformas.

- Novos custos

As alterações do modelo de negócio digital obrigaram as organizações a ter estruturas de recursos humanos com novas qualificações e novos perfis. Apesar de, em algumas situações, os custos de distribuição e de produção digital serem mais baixos, e beneficiarem da criação de sinergias na produção de conteúdos entre plataformas digitais e tradicionais há, no entanto, algum cuidado a ter na produção e distribuição de conteúdos digitais. Ao contrário da tradicional distribuição *Broadcast*, que tem características de bem público (não obriga a mais custos para fornecer conteúdo a cada consumidor adicional), a distribuição digital tem vindo a assistir a custos cada vez mais reduzidos, provocados pela inovação tecnológica (Lei de Moore). Mas há custos associados a cada consumidor adicional – largura de banda, espaço em disco, processamento nos servidores e energia elétrica, ao contrário do que Chris Anderson (diretor da revista Wired), tenta transmitir no seu livro – "Grátis"[8]. As teorias que descreve nos livros "Cauda Longa"[9] e "Grátis" têm falhas graves do ponto de vista económico. Estas falhas surgem por confusão de conceitos de "movimentos sociais" de colaboração e partilha, com "gratuitidade", não perceção dos custos reais para alojamento e distribuição digital e pela falta de incorporação da influência do marketing e comunicação na venda de bens e serviços (físicos e digitais).

Por exemplo, o YouTube tem um problema crítico e complexo para gerir que é o facto de apenas 4% do conteúdo alojado gerar tráfego significativo e com potencial de rentabilização. Mas, dado o modelo de negócio criado pelo YouTube (e outras redes sociais), tem que alojar e servir todos os vídeos que os utilizadores publicarem.

Ou seja, tem custos exagerados com o alojamento e manutenção de conteúdos que não são procurados, o que destrói também a teoria de Chris

Anderson: "A Cauda Longa" pois, mesmo que existam receitas publicitárias associadas a estes vídeos, os custos de alojamento e disponibilização ao longo dos anos nunca conseguirão ser pagos com publicidade.

Mantem-se a velha máxima económica "Não há almoços grátis".

- *Cloud Computing* (computação na "nuvem"/web):

Do ponto de vista das organizações, há hoje uma forte tendência para ter os seus *data centers* "fora de portas" para se focarem nos negócios e minimizarem custos em tecnologia. As resistências relativas à segurança, confidencialidade e fiabilidade desaparecerão ao longo do tempo e os ganhos de produtividade serão um argumento forte[10].

Para os indivíduos, o facto de poderem aceder a aplicações – ferramentas de trabalho, comunicação e entretenimento – e documentos de trabalho ou pessoais a partir de qualquer dispositivo (computador, telemóvel, *tablet*, etc.), passará a ser um serviço vital e natural.

Ao nível dos dispositivos, o *cloud computing* provocará também alterações substanciais, pois passarão a necessitar de menos capacidade de processamento e de armazenamento – que são realizados pela "nuvem" – e passarão a ser dispositivos mais "básicos" e muito mais baratos.

IV.2 – Web 2.0 (Redes Sociais)

A web 2.0 conseguiu demonstrar o seu potencial através das redes sociais. O crescimento sustentado de audiência do Facebook é prova disso mesmo.

As alterações nos dispositivos permitem não só aceder a conteúdos, mas também criar, publicar e partilhá-los, seja através de computadores, *netbooks*, *tablets* ou telemóveis.

Nos próximos anos, surgirão novas redes sociais segmentadas por temas e grupos dentro das redes sociais "generalistas" recuperando o conceito inicial da web 1.0 de "Comunidades Virtuais" em torno de conteúdos, comportamentos, celebridades, etc. Um bom exemplo, é a rede social criada em torno do candidato e hoje presidente dos Estados Unidos da América, Barack Obama – My.BarackObama.com.

Trata-se de um claro sinal dos tempos e da importância das redes sociais na passagem de informação e associação entre as pessoas em torno de um tema, de uma causa, de uma de personalidade e de um candidato.

IV.3 – Fator Geracional

Quatro gerações (*Baby Boomers*, Geração X, Geração Y e Geração Z), alteraram a forma de trabalhar, comunicar e de se relacionar.

Nativos Digitais +

Emigrantes Digitais −

Geração Z (Nascidos depois de 1996)
Não conseguem imaginar a sua vida sem Internet, sem telemóvel ou sem consolas. Fazem parte do seu ADN.

Geração Y (Nascidos entre 1980 e 1995)
É a geração mais numerosa no meio digital. A Internet faz parte das suas vidas, pois são os primeiros nativos digitais, foram acompanhando a sua evolução. Acompanham o crescimento, evolução e amadurecimentos do meio digital.

Geração X (Nascidos entre 1965 e 1979)
A grande maioria utiliza a Internet sobretudo no trabalho, mas não são dependentes.

Baby Boomers (Nascidos entre 1946 e 1964)
Apenas uma pequena percentagem desta geração imigrou para a Internet, mas raramente pelo entretenimento. A Internet é normalmente utilizada como segundo meio de pesquisa de informação. Este grupo tem vindo a aumentar, seja em número, seja em tempo de permanência no meio digital, por terem maior disponibilidade de tempo.

Veteranos (Nascidos entre 1925 e 1945)
São quase residuais no meio digital. Têm uma utilização limitada e muito direccionada.

Os *Baby Boomers* que tiveram maiores dificuldades na adaptação às novas tecnologias, são hoje fortes "aliados" da Geração Y (filhos ou netos)[11].

As plataformas digitais criaram pontes entre gerações. Hoje, é fácil e natural que avós, pais e netos comuniquem através de email, Skype, instant messenger, FaceTime e mesmo através das redes sociais.

Para além de maior facilidade de comunicação, há maior frequência de contacto e partilha de interesses e informações.

A Internet aproximou todas as gerações porque potencia a comunicação e partilha de opinião em tempo real.

Nos Estados Unidos, o país onde a cultura digital está mais desenvolvida, a geração dos *Baby Boomers* que ainda estão na vida ativa profissional em funções importantes em grandes organizações, têm contratado jovens recém-licenciados como seus assessores, para os ajudarem a pensar e reformular o negócio com a variável digital [11].

A adaptação das gerações mais velhas às novas tecnologias e adesão à Internet tem aumentado devido à massificação da banda larga e pela melhor usabilidade de dispositivos, aplicações e sites.

V – Publicidade On-line

A publicidade on-line iniciou-se oficialmente no dia 27 de Outubro de 1994 no site da HotWired (atual wired.com) com a primeira campanha de publicidade, e o também primeiro anunciante on-line, foi da operadora de telecomunicações americana AT&T com uma campanha de doze semanas.

O *banner* tradicional 468×60 pixeis foi criado pela agência interativa Modem Media (que hoje pertence ao Grupo Publicis) num contrato que valeu à HotWired 33 mil dólares[12].

No ano seguinte, o Yahoo! mudou o design do seu portal para passar a ter publicidade.

Os primeiros anunciantes on-line eram sobretudo empresas de telecomunicações e tecnologia e os primeiros utilizadores eram os *geeks* tecnológicos, o que fazia dos sites uma excelente forma de comunicar com os seus consumidores alvo.

Este foi também um dos motivos pelo qual os projetos editoriais tecnológicos, como a CNet e a ZDNet, tomaram a dianteira nas audiências e na definição dos novos padrões de publicidade. Assim que as resoluções de ecrã aumentaram e a CNet definiu novas dimensões que se tornaram standards como o *leaderboard*, o *skyscrapper* e o *mrec*.

Não só as dimensões mudaram, como também as tecnologias que permitem criatividades cada vez mais ricas (utilizando vídeo, flash, javascript, etc.), com possibilidades de otimização das ferramentas de gestão de publicidade on-line permitem filtros que garantem uma eficácia que nenhum dos meios tradicionais consegue.

Para além de segmentar por regiões, dias, horas, frequência, tipo de conteúdo, permite que sejam criados segmentos de comportamento – *behavioral targeting* (a publicidade é mostrada em função do histórico de conteúdos consumido pelos utilizadores, por exemplo: economia, desporto, tecnologia, etc.).

O vídeo associado à interatividade que as plataformas digitais permitem, fazem deste um dos formatos com maior potencial, e que estão também a ser estimulados pelos sites com conteúdos vídeo, como o YouTube e os *videocasts* (podcasts em vídeo), onde a publicidade em vídeo é, sem dúvida, a mais eficaz.

A publicidade nos sites e aplicações otimizadas para dispositivos móveis serão outra das áreas com maior crescimento nos próximos anos, estimulada por uma maior largura de banda móvel (4G e Wi-Fi) e pelas novas funcionalidades e potencialidades destes equipamentos (como o iPhone e o iPad).

E finalmente, a publicidade nos videojogos é, por ventura, a mais inovadora pela possibilidade de, numa campanha, se poder cruzar múltiplos formatos (*banners*, vídeos e *in-game advertising*), associado ao cada vez maior número de utilizadores de videojogos e às potencialidades que esta permite, criando cenários que simulam realidades, como por exemplo, estádios de futebol.

A complexidade de formatos e possibilidades de comunicação on-line acrescenta, também às agências criativas e de meios, maior complexidade na definição de estratégias de comunicação e interação com os consumidores.

Os investimentos nas plataformas digitais continuarão a crescer sustentadamente, não só pelo natural desvio de audiências, mas também pela convergência dos Media.

VI – Videojogos

A evolução das tecnologias de informação permitiu não só um maior acesso à informação e comunicação em múltiplas plataformas mas também ao entretenimento. Os videojogos saíram das arcadas e dos salões de jogos para os lares e bolsos (consolas portáteis e telemóveis) dos utilizadores.

A indústria de videojogos é das que tem tido maiores taxas de crescimento (na área de Media e Entretenimento) e apresenta maior potencial de crescimento para os próximos anos.

Para tentar perceber o porquê desta tendência de crescimento é importante analisar:
- Mercado dos videojogos
- Fontes de receita
- Público / Perfil dos *gamers* (jogadores)
- Publicidade nos videojogos

VI.1 - Mercado dos Videojogos

No estudo de mercado Global Entertainment and Media Outlook 2009-2013 realizado pela PriceWaterHouseCoopers[13], a estimativa sobre o volume de negócios gerado na indústria de videojogos foi de 51,4 mil milhões de dólares em 2008 com perspetiva de crescimento para 73,5 mil milhões no ano de 2013. A haver erro nestas estimativas só poderá ser por defeito, pois as recentes notícias apontam para um crescimento cada vez mais acelerado (e tudo indica ser bastante superior aos conservadores 6,9% de crescimento médio anual indicado no estudo da PriceWaterHouseCoopers).

No ano de 2008, em Portugal, foram vendidos mais de 2,5 milhões de videojogos[14] ultrapassando pela primeira vez a venda de filmes em formato DVD. Nos Estados Unidos da América, este valor ultrapassou os 268 milhões de unidades [15] só para três plataformas de consola (Nintendo, Sony e Microsoft).

As previsões para 2009 e 2010 continuam a apontar para crescimentos em todos os mercados[14] (mercados analisados: América do Norte, EMEA -Europa, Médio Oriente e África, Ásia e Pacifico e América Latina).

A prova deste crescimento em 2009 são as sucessivas notícias de recordes de vendas. Em Maio de 2009, o jogo de ação *Grand Theft Auto IV* vendeu mais de 6 milhões de unidades em apenas uma semana, com receitas superiores a 500 milhões de dólares (das quais 3,6 milhões de unidades / 310 milhões de dólares foram no primeiro dia de venda)[16].

No seguinte mês de Novembro, a editora do videojogo *Call Of Duty: Modern Warefare 2* (simulador de guerra) – Activision - anuncia que vendeu no primeiro dia 4,7 milhões de cópias nos mercados da América do Norte e Inglaterra gerando, só nestes dois mercados, mais de 310 milhões de dólares e 13 milhões de unidades vendidas no primeiro mês ultrapassando assim o *Grand Theft Auto IV* [14 e 17]. Estes montantes ultrapassam largamente os valores de receitas de bilheteira das grandes produções de Hollywood.

Um dos catalisadores desta indústria é o fenómeno das redes sociais, onde as editoras Zynga e Playfish distribuem e promovem muitos dos seus jogos e por isso aumentaram a popularidade e utilização dos seus títulos de forma exponencial. Esta popularidade atraiu a atenção dos investidores, tendo sido a Playfish adquirida em Novembro de 2009 por um dos maiores editores de videojogos do mundo[18] a EA - Electronic Arts[19] que pagou mais de 400 milhões de dólares por aquela empresa.

Por sua vez a Zynga foi avaliada em mais de mil milhões de dólares, e a empresa russa de capital de risco Digital Sky Technologies investiu 180 milhões de dólares na Zynga em Dezembro de 2009[20].

O Google ainda não revelou quais os seus planos para esta indústria, mas já deu sinais que está atento e que prepara movimentos[21], com o registo da patente *"Web-Based System for Generation of Interactive Games Based on Digital Videos"*.

VI.2 - Fontes de Receita

Inicialmente, as fontes de receitas dos jogos eram as "moedinhas" necessárias para jogar na consola "estacionada" nas arcadas e salões de jogo. As variáveis de negócio/rentabilidade estavam dependentes de vários fatores como a distribuição e localização das consolas que não eram controladas nem geridas pelos editores.

A evolução tecnológica e consequente evolução dos dispositivos, permite que hoje as consolas e outros dispositivos estejam em casa ou no bolso (telemóveis e consolas portáteis).

Esta alteração radical na distribuição e massificação do consumo de videojogos permitiu aos editores criarem jogos com novas possibilidades de receita que não apenas a venda unitária de cada um dos títulos.

Atualmente, as receitas de um videojogo com características de *MMOG- Massive Multiplayer Online Game* - podem ser cinco: venda, subscrição de serviços, conteúdos extra, venda de bens digitais e publicidade (*in-game advertising*).

- Venda
A venda de videojogos já não está só dependente da distribuição física e tem tendência a aumentar cada vez mais nas lojas on-line (exemplos: Stream, Metabolic, GameTap, etc.) e nas "Apps Stores" dos fabricantes de consolas e dispositivos móveis (lojas on-line de venda de aplicações, como a Playstation Store, Wii Shop, iTunes-App Store, Xbox Live Market Place, OVI, etc.).

- A subscrição de serviços
Muitos *MMOG* obrigam ou dão como opção a possibilidade de subscrever serviços. O *World of Warcraft,* por exemplo, obriga a subscrever por 10 euros mensais o serviço on-line e conta com mais de 12 milhões de fiéis jogadores, valor que lhe garantiu entrada no "Guiness World Records" [22 e 23].

Outro exemplo, é o caso dos jogos de futebol on-line da PowerChallenge (PowerSoccer e ManagerZone), onde os jogadores podem subscrever o serviço de "membro do clube", passando assim a ter funcionalidades adicionais.

- Conteúdos extra (*downloadable content*)

Possibilidade de compra de conteúdos adicionais para um videojogo, como é o caso do jogo Singstar (videojogo de karaoke), onde é possível adquirir on-line músicas para adicionar ao jogo.

- Bens digitais

Nos *MMOG*, a existência de bens digitais é a forma que os utilizadores têm de se distinguir, transmitindo a sua personalidade ou a dos avatares criados. A venda de bens digitais é, por isso, uma fonte de receita bastante interessante para os editores. No caso dos jogos online da PowerChallenge, os utilizadores podem adquirir para as suas equipas de futebol: botas, tatuagens, formas distintivas de festejar golos, penteados, barbas, treinadores "carismáticos", etc.

- Publicidade (*in-game advertising*)

A larga audiência que hoje os videojogos conseguem atingir, associada à afinidade temática com determinados públicos, despertou o interesse das marcas/anunciantes para comunicar dentro do ambiente de jogo transmitindo também maior realismo e envolvimento com os jogadores (ver cap. VI.4 - Publicidade nos Videojogos).

VI.3 - Público/Perfil dos *Gamers*

Os videojogos estão a chegar a cada vez mais públicos e jogar deixou de ser uma atividade individual para ser uma atividade colectiva pela possibilidade de jogar em rede, mas também porque as consolas estão a deixar os quartos dos jovens para ocupar um lugar nas salas e passarem a ser uma atividade de entretenimento familiar.

O comportamento dos jogadores também mudou. Os *MMOG* transformaram os utilizadores de simples consumidores a contribuintes para o conteúdo de jogo, pois passam a "personalizar" o ambiente de jogo (que é partilhado por outros utilizadores).

O perfil atual dos jogadores [24, 25 e 26] é maioritariamente masculino (60%)

dos quais 48% são jogadores ativos (jogam mais de 8 horas por semana), nas mulheres este indicador passa para 29%. Têm uma idade média de 36 anos, têm formação superior ou frequência de ensino superior (50%), rendimento superior à média e forte consumo de novas tecnologias e *gadgets* (são fortes influenciadores de compra nas áreas de tecnologia), estão ligados à Internet cerca de cinco vezes ao dia e jogam online (60%).

VI.4 - Publicidade nos Videojogos

A publicidade em videojogos é ainda uma novidade, mas a sua envolvência e resultados estão comprovados por vários estudos [24, 25, 27 e 28]. O nível de atenção à ação de jogo é elevado, e por isso, a publicidade não passa despercebida e é mesmo apreciada pelos jogadores, pois torna o ambiente de jogo mais real.

Por exemplo, os resultados da campanha[28] da zappos.com em 2009 apontam para taxas de eficácia 500% superiores às de uma campanha de televisão:
- Os utilizadores que viram a campanha tiveram recordação de marca cinco vezes superior aos que não viram a campanha.
- Aumentou em 56% a perceção positiva sobre a marca/empresa.
- Os jogadores que viram a campanha têm um elevado nível de recordação durante o jogo (a TV só consegue chegar a um nível médio).

Há quatro formas de utilizar os videojogos como forma de comunicação:
- **Integração estática** (inclusão de marcas na ação do jogo), integrando os seus produtos como elementos do jogo, seja um automóvel, bola de futebol, chuteiras, etc.
- **Videojogos desenvolvidos à medida** para uma marca ou produto, como por exemplo um jogo para promoção de determinados modelos de uma marca automóvel sendo distribuído por esta em CD Rom e/ou no seu site.
- **Ações de co-marketing**, com ações promocionais no ponto de venda dirigidas aos utilizadores de um determinado videojogo, para este poder

usufruir de desconto especial e/ou para quem tenha comprado um determinado produto (que seja patrocinador do jogo) ter uma oferta de um bem digital ou crédito extra no jogo.

- **Publicidade dinâmica**, distribuída de forma dinâmica dentro do ambiente do videojogo com programação e modelo de distribuição equivalente às campanhas de Internet (com número de impressões para serem distribuídos em períodos temporais).

As impressões são medidas por tempo, por cada 10 segundos cumulativos de exposição é contabilizada uma impressão (a contabilização só é iniciada após meio segundo de exposição).

VII – Pessoas e Líderes

Sabemos que os recursos humanos são a essência de qualquer negócio. Aquele que ainda é considerado por muitos o melhor CEO de todos os tempos, Jack Welch, na sua passagem por Lisboa em 2006, na Conferência Fórum para a Competitividade, sublinhou a importância do fator humano na gestão e a necessidade de procurar talento, treiná-lo e desenvolvê-lo. Assumiu que o seu braço direito era o diretor de recursos humanos e revelou que o segredo do sucesso de qualquer empresa, é manter os colaboradores motivados, os clientes satisfeitos e garantir resultados para os acionistas. A fórmula até parece "simples" e eficaz!

Porque é que a maior parte das empresas não a consegue aplicar?
Porque não é simples como parece. É que para fazer a "poção mágica" são precisos muitos ingredientes e têmperos especiais para cada caso.

Na indústria e nos negócios digitais, os recursos humanos são ainda mais um fator diferenciador porque há uma necessidade de entender algo que é novo. E isso, só é possível com pessoas que tenham uma forte perceção e conhecimento sobre tecnologia e Media, da sua evolução ao longo dos tempos e uma elevada componente de cultura digital no seu ADN.

Jerry Yang, o co-fundador do Yahoo! escreveu em 2000[29]:
"Sem ações responsáveis, este meio (Internet) pode desaparecer tão rápido como apareceu. O futuro da Net depende das pessoas tanto quanto depende da tecnologia".

Passados dez anos, o debate já não é a sobrevivência da Internet, mas sim a sobrevivência de alguns projetos em detrimento de outros. E a verdade é que se analisarmos as empresas que mais sucesso têm tido na área digital, o fator humano é perfeitamente identificável e até mesmo destacável.

Os líderes dessas empresas entenderam o potencial da Internet como meio e têm, no seu "algoritmo de raciocínio mental", a lógica dos negócios digitais sempre presente.

A provar isso mesmo, o que mais se destaca é Steve Jobs da Apple, que independentemente das críticas ou dos elogios, tem na sua génese, o fator digital completamente embrenhado desde os primeiros "chips". Jobs entende os Media, a comunicação (conseguiu inventar e reinventar a marca Apple tornando-a uma *love brand*) e obrigou-nos a pensar diferente (que se relevou uma atitude, mais do que um slogan).

No caso de Steve Jobs o conhecimento cruzado entre tecnologia (hardware e software), indústria cinematográfica (Pixar), a Internet e os Media (Disney), é hoje bem visível na estratégia da Apple.

Há quem afirme que Steve Jobs representa 20% do valor da Apple. E é bem possível que seja verdade, a avaliar pelo impacto do rumor de 3 de Outubro de 2008, quando as acções da Apple desceram 10% após ter circulado a informação que Jobs tinha sido vítima de um ataque cardíaco, voltando a recuperar imediatamente depois do desmentido oficial da Apple.

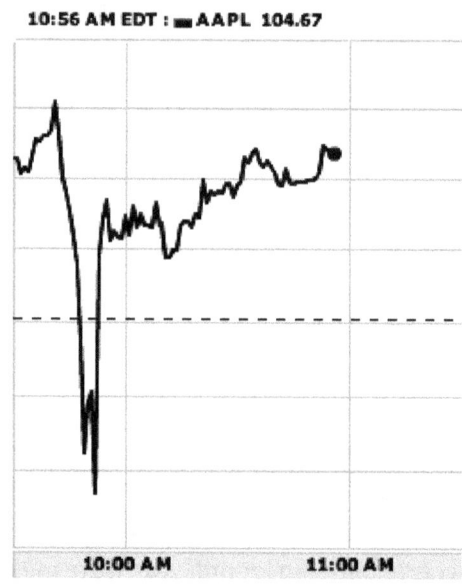

Evolução da cotação das ações da Apple na manhã do dia 3 de Outubro de 2008

O sobe e desce, as eternas interrogações sobre o futuro e o valor das pessoas nas empresas não são mais do que sinais de viragem da nossa sociedade. Nem todas as gerações tiveram o privilégio de atravessar uma. Nós temos!

Até agora, a que tinha causado maior impacto foi a descoberta da eletricidade com todas as alterações que se seguiram na vida das pessoas, das empresas e da sociedade. E, mais uma vez, se não fosse o talento de Edison, quem sabe se não estaríamos ainda todos às escuras?

VIII- Política

Melhorar a eficácia e os resultados das empresas no momento de incerteza que vivemos, é o tema do livro "Leadership In The Era Of Economic Incertainity"[30] de Ram Charan, considerado um dos gurus da gestão atual. Ram Charan considera que o fator inovação é um dos fatores essenciais.

Numa conferência na Universidade Católica Portuguesa, em Lisboa, em Março de 2009, David Plouffe, diretor de campanha de Barack Obama referiu os fatores que levaram à eleição do atual presidente dos Estados Unidos e onde a inovação da comunicação através das redes sociais foi um dos fatores diferenciadores da estratégia de comunicação eleitoral.

Os novos modelos de gestão referidos por Ram Charan, não são mais do que o caso prático, aplicado à política, que David Plouffe apresentou.

Por coincidência, ou talvez não, a revista Fast Company do mês de Março de 2009[31] destacou as 50 empresas mais inovadoras, e o primeiro lugar foi atribuído à "Equipa Obama" que foi avaliada como uma *start up* com início de atividade em Fevereiro de 2007, quando Obama oficializou a sua candidatura e lançou o site de rede social MyBO – MyBarackObama.com. Desde o seu lançamento, registaram-se mais de 2 milhões de utilizadores, criaram-se 35 mil grupos de voluntários, planearam-se e divulgaram-se 200 mil eventos. A "Equipa Obama" apostou na tecnologia para comunicar com os eleitores pela rapidez e eficácia que o meio permite a baixos custos.

David Plouffe não escondeu que a Internet serviu para criar "organizações de base", permitiu aproximar os cidadãos da política, de um projeto no qual muitos se reviram e para o qual muitos contribuíram com trabalho voluntário e dinheiro (quase mil milhões de dólares em donativos). Apesar de muitos referirem que foi a Internet que elegeu Barack Obama, David Plouffle prefere afirmar que a eleição do novo presidente só foi possível por "conseguir passar uma mensagem consistente". Na realidade, a Internet foi apenas o meio escolhido desde a primeira hora, por ser poderosíssimo e por estar assente numa comunicação em rede (de cada pessoa para com os seus amigos e colegas). Este foi o efeito viral/social que a "Equipa Obama" quis e soube utilizar para fazer passar a dita "mensagem consistente" para se defender dos adversários, para esclarecer os eleitores e para receber feedback sobre o que se estava a passar no terreno.

A gestão nas empresas e na política não são diferentes. Se pudéssemos sentar à mesma mesa Ram Charan e David Plouffe, estou certo que teriam muitos pontos em comum, porque está cada vez mais provada que na vida, na política ou nas empresas, a inovação (certa) somada a uma mensagem consistente antecipa resultados positivos.

IX – Concentração e Pluralismo

Se há indústria onde a discussão sobre a Concentração e Regulação nunca foi pacífica é a indústria dos Media e Entretenimento.

Com a convergência de conteúdos provocada pela possibilidade de distribuição digital[7] parecia óbvio que o desenvolvimento natural dos negócios levaria ao "casamento" entre empresas de Media e Telecomunicações. E de facto, aconteceu em vários países.

O caso mais emblemático e com maior dimensão foi o da fusão da Time/Warner com a AOL em Janeiro de 2000. Mas, o rebentar da "bolha" das *dot com* [32] arrefeceu esta tendência inicial.

A fragmentação das audiências e consequente alteração na distribuição dos investimentos publicitários, provocada pelos novos suportes (digitais) e a alteração do paradigma de consumo de Media estão a forçar novos movimentos de aquisição e fusão de empresas de Media. A legislação também não acompanhou as necessidades impostas pelas alterações de mercado e mudanças de paradigma[7]. As reduzidas barreiras à entrada de um *player* de media (nas plataformas digitais) e a necessidade de investigação e inovação passaram a ser importantes variáveis no negócio.

As alterações de paradigma vão também provocar movimentos de concentração na indústria que permitirá maior competitividade (entre grandes grupos), capacidade de investimento em inovação, acompanhamento das tendências tecnológicas e criação de novos produtos. Um dos mais recentes exemplos desta tendência de concentração foi a aquisição da cadeia de Televisão NBC pela operadora de telecomunicações ComCast[33], em Dezembro de 2009.

Os movimentos de concentração poderão garantir maior competitividade, pois teremos grupos de Media com maior capacidade de investimento e maiores possibilidades de sinergias. É por isso, natural que os reguladores se tornem mais liberais e deixem a "Mão invisível" de Adam Smith[34] fazer os naturais ajustes de mercado.

Concentração diagonal

As preocupações dos legisladores e reguladores têm sido no sentido de evitar excesso de poder em determinados mercados, analisando e criando legislação para concentração vertical e horizontal, ignorando as interdependências com outras indústrias/mercados.

Na nova Era Digital, a interdependência entre indústrias pode ser determinante para o sucesso de um operador, pois a posição dominante num mercado pode alavancar a posição noutro mercado, o que dificulta a análise sobre o poder individual de mercado isolado de outras variáveis. Por exemplo, a teoria do monopolista hipotético dificilmente será aplicável para analisar este tipo de concentração.

Assim, os legisladores e reguladores têm novos desafios e novas análises econométricas a fazer à interdependência de mercados.

Pluralismo

Ao longo dos tempos sempre houve controlo e tentativas de controlo e manipulação dos Media, desde grupos políticos, religiosos e económicos.

As alterações provocadas pela Era Digital coloca-nos perante novas realidades como o conceito de cidadão repórter, *blogs*, *microbloging*, redes sociais e a possibilidade de comentar e interagir com os conteúdos são a garantia de que, hoje, é impossível um controlo na informação. Nas plataformas digitais teremos presentes todas as correntes de opinião, partilha de informação e respectivas reações.

Nicholas Negroponte referiu, em 1995, nas suas profecias visionárias sobre a revolução digital que: "a combinação de forças tecnológicas e a natureza humana terão um papel mais forte no pluralismo do que qualquer lei criada pelo Congresso"[2].

O ajuste e impacto inicial sobre esta nova realidade foi também antecipada por Negroponte:

"Pura e simplesmente não há maneira de limitar a liberdade de radiação de bits, tal como os romanos não detiveram o cristianismo, ainda que durante o processo alguns dos primeiros e corajosos difusores de dados venham a ser comidos pelos leões de Washington" [2].

O fenómeno Wikileaks, concorde-se ou não com a sua forma de atuação, tem gerado notícias pelos quatro cantos do mundo e é um bom exemplo do que Negroponte previa. Esta ilimitada liberdade é sem dúvida a maior garantia de pluralismo da história da humanidade.

X – Os Gigantes Mundiais

Hoje, os principais *players* mundiais na criação e definição dos caminhos futuros na Era Digital são: Apple, Google, Microsoft, Nokia, Sony e Amazon.com.

Todos eles criaram ecossistemas[35], não compatíveis e tentam ganhar a maior quota em vários mercados e sub-mercados em que atuam, e apostam forte na alavancagem de posições entre os vários mercados. Por isso, a diversificação de negócios é vital para conseguirem posições dominantes mas aumenta fortemente a complexidade na gestão.

A gestão estratégica e operacional em cada um dos sub-mercados onde atuam é um fator determinante para garantir o sucesso. Perseguem aquilo a que Warren Buffet apelidou de "Monopólio de Consumidores" e "Portagem na Ponte"[36].

Sabem que *The Winner Takes it All* e por isso, não poupam esforços, tempo e investimentos, porque pode não haver "prémio" para o segundo, sabendo, no entanto, que haverá alguns mercados onde poderão existir fortes concorrentes.

Nesta "corrida" um fator determinante é a simbiose entre dispositivos e serviços (on-line), como forma de defender e fechar aos concorrentes a capacidade de entrar junto dos clientes captados. Os consumidores passam a ter "barreiras à saída", a integração de serviços entre os vários dispositivos da marca garantem maior fidelização e menor elasticidade sobre o preço do lado da procura.

Por isso, o objectivo neste momento é conseguir a maior quota em cada um dos mercados e criar efeitos de alavanca entre eles.

A concorrência é feroz, a contínua evolução tecnológica associada à possibilidade de entrada de novos players e as rápidas alterações de consumo de Media são variáveis importantes e a considerar por qualquer um dos referidos titãs.

Segue uma breve análise à presença de cada uma das empresas nos mercados (e sub-mercados), de: Hardware/Dispositivos, Software, Web e Distribuição on-line.

Dispositivos/Hardware

	Apple	Google	Microsoft	Nokia	Sony	Amazon
Computador Pessoal	Mac			Booklet	Vários	
SmarthPhone	iPhone	NexusOne *	KIN **	Vários	Vários	
Leitor de MP3	iPod, iPhone, iPad		Zune	Vários Telemóveis	Walkman, Vários Tlm	
Consola de Jogos	iPod Touch, iPhone, iPad		XBox	Vários Telemóveis	Playstation, PSP	
TV					Vários	
Set-Top Box	Apple TV	Google TV ***	XBox MediaRoom ****			
Tablet	iPad	Google Tablet *****			Reader	Kindle

* O Google descontinuou em Julho de 2010 (sete meses depois do lançamento), o telemóvel NexusOne.

** O KIN foi lançado no dia 13 de Maio de 2010, e descontinuado no dia 30 de Junho de 2010.

*** Google prepara uma set-top box e software – Google TV, que poderá ser disponibilizado em televisores. A Sony será um dos fabricantes a incluir o sistema operativo do Google e respectivas aplicações nos seus televisores.

**** MediaRoom é o sofware que a Microsoft fornece a operadores de cabo e Internet Service Providers (para fornecerem serviço de IP TV) para set-top box e também para Xbox (ex: Vodafone Casa TV).

***** O Google já anunciou que irá lançar o Google Tablet, mas ainda não definiu data. O equipamento será fabricado pela HTC (tal como aconteceu com o telemóvel Nexus One).

Software

	Apple	Google	Microsoft	Nokia	Sony	Amazon
Sistema Operativo Computadores	MacOS	Android	Windows			
Sistema Operativo Móvel	iOS	Android Mobile	Windows Phone	Symbian*		
Browser	Safari	Chrome	Internet Explorer			
Produtividade	iWork, iLife, e outros	GoogleDocs (web)	Office, e outros			
Soluções B2B	Hardw. / Softw. para várias indústrias	GoogleApps	Softw. para várias indústrias	Hardw. / Softw. para Telemóveis	Hardw. / Softw. para indústria broadcast	Amazon Web Services

*A Nokia vendeu o sistema operativo Symbian em Julho de 2009 à Accenture.

Web

	Apple	Google	Microsoft	Nokia	Sony	Amazon
Portal (Conteúdos)	lala * (música)	YouTube (Vídeo UCG)	MSN			
Motor de Busca		Google	Bing			A9
Ad Server Display		DoubleClick	Atlas			
Ad Server Search		AdSense, AdWords	Bing			ClickRive
Ad Server Mobile	iAd	DoubleClick, AdMob	ScreenTonic			
Ad Server In-Game		AdScapeMedia	Massive **			
Webmail	Mobile.Me	GMail	Hotmail, Live	OviMail		
Messenger		GTalk	Messenger			
Mapas	PlaceBase Poly9	GoogleMaps	Bing Maps	OviMaps		
Outros		Vários	Vários		PlayStation Home	Alexa

* A Apple encerrou o portal de streaming de música a 31 de Maio de 2010. Tudo indica que a plataforma da lala poderá ser integrada no iTunes permitindo o serviço de Streaming

** A Microsoft encerrou a empresa e plataforma de in-game advertising Massive em Outubro de 2010

Distribuição on-line

	Apple	Google	Microsoft	Nokia	Sony	Amazon
Lojas on-line	iTunes	Android Market	Zune Marketplace XBox Marketplace Windows Phone Marketplace	Ovi Store	PlayStation Store eBookStore PlayNow Arena	Amazon.com

Sobre de cada um dos titãs:

Apple

A sua forte imagem de marca, associada a inovação, design, *lifestyle* e moda, excelente usabilidade do seu hardware e software garantem um elevado nível de fidelização. A Apple construiu um "monopólio de consumidores" e ultrapassou no dia 26 de Maio de 2010 a Microsoft em capitalização bolsista passando a ser a maior empresa tecnológica[37], e a segunda maior do mundo (atrás da petrolífera Exxon Mobil). Se as projeções dos analistas sobre a evolução dos resultados e cotação das ações da Apple estiverem corretas, pode, em breve, ser a maior empresa do mundo.

O facto de fabricar hardware e desenvolver software dá à Apple uma enorme vantagem competitiva face aos seus principais concorrentes.

A venda do iPad está a ser um sucesso ao ponto de se ter tornado o dispositivo móvel com maior taxa de crescimento, atingindo a marca histórica de três milhões de unidades vendidas em apenas oitenta dias[38].

As vendas do novo iPhone 4 conseguiu também valores impressionantes com 1,7 milhões de unidades vendidas nos primeiros três dias e três milhões nas primeiras três semanas[39], ultrapassando o iPad.

O iTunes é a plataforma central de distribuição de conteúdos ("portagem na ponte"), que anunciou no mês de Fevereiro de 2010[40] ter ultrapassado a venda de 10 biliões de músicas dando-lhe assim o estatuto de maior loja de bens digitais (música, jogos, livros e aplicações).

A Apple reagiu à entrada do Google nas plataformas de gestão de publicidade nas plataformas móveis, e adquiriu a Quattro Wireless[41] em Janeiro de 2010 e com esta plataforma criou serviço de publicidade iAd[42].

Mas se o objetivo é entrar nas plataformas de gestão de publicidade (*search, display* e *in-game*) terá de ser rápida no desenvolvimento e/ou nas aquisições.

No mercado de televisão a Apple tem a *Set-Top Box* Apple TV. Steve Jobs em Fevereiro de 2010 na conferência D8 do Wall Street Journal referiu[43] que se tratava de um *hobbie* (pois as vendas foram fracas), mas Tim Cook – COO da Apple, alguns dias depois na conferência da Goldman Sachs sobre tecnologia, disse que: "Sentimos que há qualquer coisa no mercado da TV... talvez venhamos a apresentar alguma coisa nesta área"[44]. Em Setembro de 2010, foi relançada uma nova versão da Apple TV, que demonstra que a Apple continua a querer marcar posição nesta área.

Google

O popular motor de busca conseguiu uma quota de mercado impressionante. A sua marca ("Monopólio de Consumidores") ficou em primeiro lugar em 2009 no ranking BrandZ com uma valorização de 100 mil milhões de dólares[45].

O Google abriu "guerra" direta à Microsoft com os sistemas operativos Android e Android Mobile, Browser Chrome e Google Docs (aplicações de produtividade baseadas na web).

A grande *cash-cow* continua a ser a plataforma de publicidade AdWords ("Portagem na Ponte"). O Google é líder em plataformas de gestão de publicidade e está em todos os sub-segmentos: *Search* (AdWords), *Display* (DoubleClick), *Mobile* (DoubleClick e AdMob) e *In-Game* (adScape Media).

A entrada nos equipamentos móveis (em parceria com a HTC), está ainda longe de ser um sucesso e a parceria com a Apple (com a integração de serviços Google nos dispositivos da Apple), pode estar em "risco" por este ter entrado no mercado de telemóveis e estar a preparar equipamentos para concorrer com o iPad e Apple TV.

O Google já anunciou que prepara o lançamento do Google Tablet[46] (que será fabricado também pela HTC) e que vai entrar também no mercado das *Set-Top Box* com a GoogleTV através da parceria com a Intel e Sony [47] (software que será disponibilizado em televisores do fabricante nipónico).

Tudo indica que, uma vez mais, o Google vai entrar no meio da cadeia de valor da publicidade, o Google AdWords já permite anunciar em algumas estações de televisão mas, se o software do Google permitir, por exemplo, anúncios no rodapé (independente do canal, e ser programado apenas em função do perfil dos telespectadores), haverá partilha de receita com os operadores de televisão?

Até onde e de que forma poderão os reguladores intervir? Como referi no capítulo anterior, novos desafios estão a nascer também para os reguladores.

Microsoft

A abordagem da Microsoft é muito focada no software e em conseguir a maior massificação do sistema operativo Windows através de quase todos os fabricantes de hardware, dando à Microsoft uma forte vantagem na distribuição do seu sistema operativo e outras aplicações.

A aposta no mercado de telemóveis através do telemóvel KIN (fabricado pela Sharp), foi talvez o telemóvel com menor tempo de existência (foi lançado no dia 13 de Maio de 2010 e descontinuado no dia 30 de Junho de 2010).

No entanto, a Xbox também disponibiliza aos *Internet Service Providers* a possibilidade de oferecerem serviços de TV com a Xbox / Media Room[50], como é o caso em Portugal do serviço Vodafone Casa TV.

A facilidade de integração entre as aplicações Microsoft, seja para utilizadores domésticos, seja empresarial, dá, também aqui, vantagem competitiva para a criação de um "Monopólio de Consumidores" e "Portagem na Ponte".

A "guerra" com a Apple nos leitores de MP3 é feita com o Zune e com a Sony e Nintendo nas consolas de jogos com a Xbox. No entanto, o gigante do software demorou a perceber os passos que tinha de dar na Internet e a concretização foi demorada.

No mercado Web, a Microsoft está presente em todos os segmentos e a parceria com o Yahoo! para a integração do motor de busca Bing e venda de publicidade pode ser a aproximação suave para uma Oferta

Pública de Aquisição com sucesso, depois da fracassada em 2008. Mas, há neste momento mais interessados: a Nokia e o Yahoo! formalizaram em Abril de 2010 uma parceria estratégica que pode indiciar a possibilidade de outro tipo de relação no futuro[51].

A criação do motor de busca Bing e a aquisição do AdServer Atlas (depois da tentativa de aquisição da DoubleClick), posicionaram a Microsoft em concorrência direta com o Google, mas com quotas de mercado substancialmente mais baixas.

Nokia

A Nokia é a única empresa europeia nesta luta de titãs.

Com elevada credibilidade e notoriedade, a Nokia é também conhecida pela sua cultura de permanente mudança. Mas, esteve adormecida em cima da grande quota de mercado ("Monopólio de Consumidores"), demorou a reagir aos *touch screens* sendo ultrapassada pela HTC e Apple, e, por isso, perdeu terreno no segmento dos *smartphones*.

No entanto, continua a ser o fabricante com maior quota de mercado mundial (cerca de 40%). Hoje, prepara-se para ser uma empresa de Media[52] e foca a sua atividade na integração de serviços e conteúdos.

A venda do sistema operativo móvel Symbian à Accenture[53] e a utilização de outros sistemas operativos nos seus equipamentos, como é o caso do sistema aberto (*open source*) Maemo no Nokia N900, bem como o anúncio da parceria com a Microsoft mostram uma mudança de estratégica nesta área. A Ovi Store será uma importante alavanca nesta mudança de estratégia na qual, o número de dispositivos Nokia são um importante catalisador de receitas na Ovi Store ("Portagem na Ponte").

A recente tentativa de entrada no mercado dos *notebooks* com o portátil Booklet foi tímida, tardia e com fracos resultados. Ainda não há notícias de um tablet da Nokia mas, a acontecer, pode chegar demasiado tarde.

A recente parceria estratégica com o Yahoo! consiste em[51] fornecer os serviços de mapas e navegação ao Yahoo! e a utilização das plataformas de email e chat do Yahoo! aos clientes da Nokia.

Com esta aliança estratégica as questões que se levantam são:
- Será o início do "namoro" que pode terminar numa OPA ou fusão?
- E como fica a aliança do Yahoo! com a Microsoft?

Sony

O gigante nipónico tem a sua estratégia assente nos dispositivos/hardware e nas lojas on-line e a sua notoriedade como marca e credibilidade dos produtos é um dos seus trunfos ("Monopólio de Consumidores").

As televisões são um importante dispositivo pelas possibilidades de conetividade à Internet e acesso a serviços on-line, onde a possível parceria com o Google[47] para disponibilizar o seu sistema operativo, poderá ser um catalisador de vendas.

A consola de jogos Playstation 3 poderá posicionar-se também como um *media center*. Quanto à PlayStation Portable Go, tudo indica que irá evoluir para PlayStation Phone, consola de jogos e telemóvel o que poderá ser também uma grande alavanca dos vários serviços e vendas on-line (Playstation Store – "Portagem na Ponte").

O *eReader* da Sony está ainda longe das funcionalidades do líder de mercado, o iPad, com uma quota de mercado residual[54]. É por isso, natural que a Sony relance um novo *eReader* ou o descontinue.

Amazon.com

Amazon.com é a marca de referência em comércio eletrónico ("Monopólio de Consumidores" e "Portagem na Ponte"), uma posição que atingiu pela permanente evolução do seu CRM e pelo elevado nível de serviço aos seus clientes.

A perceção de que os livros (o seu foco inicial de vendas) caminhariam para formatos digitais levou ao fabrico do *eReader* Kindle e à venda de formatos digitais de livros e música com a Amazon MP3.

O crescimento da Amazon obrigou-a a grandes investimentos de infraestrutura e hoje fornece serviços de *cloud computing* –Amazon Web Services-, uma importante tendência dos próximos anos e onde está já muito bem posicionada ("Portagem na Ponte").

A Amazon detêm o site Alexa.com que analisa estatísticas e evoluções de audiências on-line (por segmentos, países, etc.). Detêm também o motor de busca A9.com que está integrado com a plataforma de publicidade ClickRiver.

Estes titãs vão marcar os próximos anos mas, tal como noutras indústrias, nem sempre os poderosos sobrevivem, como alerta o Professor Jim Collins no livro "How the Mighty Fall and Why Some Companies Never Give In"[55].

XI – Notas Finais

A Era Digital vai alterar completamente a História da Humanidade, e será a maior alteração que assistimos após a Revolução Industrial.

Por estranho que possa parecer, por ser uma Era onde a tecnologia terá uma grande predominância, as organizações e os países estarão mais dependentes da qualidade e conhecimentos dos seus colaboradores e líderes do que no passado. A tecnologia estará disponível a todos, e o fator de diferenciação estará na capacidade e criatividade das pessoas em utilizar a tecnologia.

Teremos, nos próximos anos, uma aceleração de toda a dinâmica organizacional onde assistiremos à derrocada de grandes organizações e mesmo de países.

A grande inimiga que enfrentaremos é a inércia e dificuldade em adaptar e reorganizar as empresas às novas realidades e desafios empresariais provocados por mudanças abruptas.

Como conclusão, seguem as principais tendências para os próximos anos.

Audiência do Meio on-line
O número de utilizadores das plataformas digitais continuará a crescer e será impulsionada por três fatores:
- a massificação do acesso em banda larga,
- o crescimento da geração de "nativos digitais"
- a cada vez melhor usabilidade das aplicações e sites vão sustentar o crescimento da população com acesso à Rede em múltiplas plataformas (*web, mobile,* consolas, *netbooks, tabletPC´s,* etc.) e o aumento do tempo médio despendido no consumo de conteúdos e serviços on-line.

Consumo on-line através de dispositivos móveis (telemóveis e *tablets*)
Os novos modelos estão otimizados para consumo, criação e publicação de conteúdos on-line. O tráfego *web* gerado e conteúdos criados a partir destes dispositivos vai crescer substancialmente nos próximos anos.

Amadurecimento da *Web 2.0* / Redes Sociais

É visível o crescimento sustentado de audiência das redes sociais. E tal como aconteceu nos media tradicionais, estas também vão especializar-se. Surgiram novas Redes Sociais, segmentadas por temas (e grupos dentro das redes sociais "generalistas") recuperando o conceito inicial da web 1.0 de Comunidades Virtuais em torno de conteúdos temáticos, comportamentos, etc.

Cloud Computing (computação na "nuvem")

Empresas e utilizadores vão passar a utilizar serviços de *cloud computing*. Os ecossistemas que os grandes *players* mundiais (Apple, Google, Microsoft, Amazon, etc.) estão a criar, estão assentes na "Nuvem". Ter acesso a toda a informação, em qualquer dispositivo e em qualquer lugar, será um processo de mudança rápido, tanto para os consumidores individuais, como para as empresas, com ganhos enormes em termos de experiência de utilização e produtividade.

Publicidade / Marketing

A quota de mercado alocada à publicidade e marketing nas plataformas digitais vai continuar a crescer fortemente nos próximos anos. O primeiro motivo deste crescimento tem a ver com os já referidos crescimentos da audiência e tempo de permanência dos utilizadores que vão aumentar e levar, como temos vindo a assistir, a um maior investimento das marcas nos meios digitais.

Mas, nos próximos anos, assistiremos a uma maior preocupação com a segmentação das campanhas, mais cuidado com os targets, reputação e confiança dos meios onde são colocadas as campanhas de publicidade.

A segmentação em função do tipo de conteúdo/afinidade e comportamento (*behavioral targeting*), serão as principais variáveis no planeamento de campanhas.

Os formatos mais ricos (*Rich Media*), conteúdos patrocinados e publicidade em jogos (*In-Game Advertising*) serão os que mais vão crescer. A preocupação das marcas vai aumentar e estes são formatos onde está provado o reforço da notoriedade e confiança nas marcas que os utilizam.

Para alguém como eu, que se apaixonou pelos Media, Entretenimento, Comunicação e Tecnologias, este não podia ser o melhor momento para assistir e participar nesta nova Era (Digital). Nestes tempos de viragem, sinto-me um privilegiado por estar envolvido e a assistir a estes momentos da História da Humanidade e ao "pulsar diário" desta Era Digital, ainda no início.

Referências

(1) The Origin of Species
Charles Darwin - 1859

(2) Ser Digital
Nicholas Negroponte - 1995

(3) Rumo ao Futuro
Bill Gates - 1995

(4) The New Socialism – The New Economy
Wired – Kevin Kelly – Junho 2009

(5) NetFuture
Chuck Martin – 1998

(6) Tracing the Evolution of Consumer Electronics. What's Next?
FastCompany – Julho 2009

(7) Social responsibility for free opinion making through new digital media?
Christian S. Nissen – Maio 2007

(8) Grátis
Chris Anderson – 2009

(9) Cauda Longa
Chris Anderson –2006

(10) The future of the cloud – Computing at the horizon Dual Prespectives
Portfolio e Wired – Maio 2009

(11) How Gen Y & Boomers will reshape your agenda
Sylvia Ann Hewlett, Laura Sherbin and Karen Sumberg - Harvard Business Review- – Julho/Agosto 2009

(12) e-Pub: une aventure de 10 ans
LeJournalduNet – 27 de Outubro 2004
http://www.journaldunet.com/0410/041027epub10ans.shtml

(13) Global entertainment and media outlook 2009-2013 – 10th annual edition
PriceWaterhouseCoupers - 2008

(14) Vendidos num ano 2,5 milhões de jogos
JN- Jornal de Notícias - 26 de Dezembro 2009
http://www.jn.pt/PaginaInicial/Tecnologia/Interior.aspx?content_id=1455714

(15) Analysis: Wii, DS Games Nearly Half Of 2008's U.S. Totals
GamaStutra – 26 de Janeiro 2009
http://www.gamasutra.com/php-bin/ news_index.php?story=21968

(16) 'Grand Theft Auto IV' sets record
Variety - 7 de Maio 2008
http://www.variety.com/article/VR1117985192.html?categoryid=18&cs=1

(17) Call of Duty: Modern Warfare 2 said to break sales records
CNet.com – 12 de Novembro 2009
http://news.cnet.com/8301-13772_3-10396593-52.html

(18) EA Acquires Facebook Game Maker Playfish For Up to $400 Million
Mashable – 9 de Novembro 2009
http://mashable.com/2009/11/09/ea-acquires-playfish-2/

(19) Cotação e capitalização bolsista da Electronic Arts
Google Finance
http://www.google.com/finance?q=NASDAQ%3AERTS

(20) HUGE: FarmVille Maker Zynga Raises an Astounding $180 Million
Mashable – 15 de Dezembro 2009
http://mashable.com/2009/12/15/huge-farmville-maker-zynga-raises-an-astounding-180-million/

(21) Google Might Get Into Hosted Gaming Via YouTube
BNet.com- 29 de Dezembro 2009
http://industry.bnet.com/technology/10004543/google-might-get-into-hosted-gaming-via-youtube/

(22) Jogos que se pagam mais de duas vezes
DN – 19 de Novembro 2009
www.dn.pt/inicio/ciencia/interior.aspx?content_id=1424610&seccao=Tecnologia

(23) Um jogo com mais de 12 milhões de fiéis
DN – 19 de Novembro 2009
www.dn.pt/inicio/ciencia/interior.aspx?content_id=1424671&seccao=Tecnologia

(24) Videogame Advertising Engagement Study
Interpret / DoubleFusion– Julho 2007

(25) The 2009 UK National Gammers Survey
TNS and Gamesindustry.com – Julho 2007

(26) The profile of the European Videogamer
ISFE– 2007

(27) In-Game Advertising: Market Assessment and forecast to 2014
ScreenDigest/GroupM– Maio 2009

(28) Advertising Effectiveness In An Online Video Environment
Frank Magid Associates – Março 2009

(29) Marketing on the Internet
Jan Zimmerman – 2000 / Com Prefácio de Jerry Yang – fundador do Yahho!

(30) Leadership in The Era of Economic Incertainity
Ram Charan - 2008

(31) The world´s most innovative companies
FastCompany – Março 2009

(32) 10 Years After: A Look Back at the Dotcom Boom and Bust
Wired – 17 de Fevereiro 2010

(33) G.E. Makes It Official: NBC Will Go to Comcast
New York Times – 4 de Dezembro 2010

(34) A riqueza das nações
Adam Smith – 1776

(35) Apple, Amazon, Google Wage Content Wars
As tech titans build incompatible ecosystems, marketers must rely on an array of devices—not just the Web—to deliver their digital messages
Business Week - 7 de Março 2010
www.businessweek.com/technology/content/mar2010/tc2010035_101984.htm

(36) Como enriquecer na Bolsa com Warren Buffet
Mary Buffet e David Clarck - 1999

(37) It´s now official: Apple is now worth more than Microsoft
Business Insider – 26 de Maio 2010
http://www.businessinsider.com/apple-worth-more-than-microsoft-2010-5

(38) Apple sells three milion iPads in 80 days
Apple – 22 de Junho 2010
http://www.apple.com/pr/library/2010/06/22ipad.html

(39) iPhone 4 sales top 1,7 million
Apple – 28 de Junho 2010
http://www.apple.com/pr/library/2010/06/28iphone.html

(40) iTunes Store Tops 10 Billion Songs Sold
Apple – 25 de Fevereiro 2010
http://www.apple.com/pr/library/2010/02/25itunes.html

(41) Confirmed: Apple Buys Quattro Wireless
Paid Content - 5 de Janeiro 2010
www.paidcontent.org/article/419-confirmed-apple-buys-quattro-wireless/

(42) iAd
http://advertising.apple.com/

(43) D8 - Steve Jobs
All Things Digital - http://d8.allthingsd.com/speakers/steve-jobs/

(44) Apple COO Tim Cook: 'We Have No Interest In Being In The TV Market'
http://www.businessinsider.com/live-apple-coo-tim-cook-at-the-goldman-tech-conference-2010-2

(45) 2009 Brand Valuations
BrAND Z – Agosto 2009
www.brandz.com/output/
www.brandz.com/upload/brandz-report-2009-complete-report%281%29.pdf

(46) Google and HTC Working On a Chrome OS Tablet
Gizmodo – 2 de Janeiro 2010
www.gizmodo.com/5438716/google-and-htc-working-on-a-chrome-os-tablet

(47) Google and Partners Seek TV Foothold
New York Times – 18 de Março 2010
www.nytimes.com/2010/03/18/technology/18webtv.html

(48) KIN
Microsoft - 18 de Março 2010
www.nytimes.com/2010/03/18/technology/18webtv.html

(49) KINRIP
30 de Junho 2010
www.kinrip.com

(50) Microsoft MediaRoom
Microsoft - Junho 2007
www.microsoft.com/Mediaroom/WhatisMediaroom.aspx

(51) Nokia and Yahoo! to bring integrated web services to millions of consumers around the world
NOKIA – 24 de Maio 2010
http://www.nokia.com/press/press-releases/showpressrelease?newsid=1418261

(52) Nokia´s Plan to Rule the World
Fast Company – Setembro 2009
www.fastcompany.com/magazine/138/iphone-envy-you-must-be-joumlking.html

(53) Accenture Buys Symbian Services Unit From Nokia
InformationWeek – 17 de Julho 2009
www.informationweek.com/news/mobility/business/showArticle.jhtml?articleID=218501211

(54) Sony Reader, You Are So Dead
Gizmodo – 3 de Março 2010
www.gizmodo.com/5486667/sony-reader-you-are-so-dead

(55) How the Mighty Fall and Why Some Companhies Never Give In
Jim Collins – 2009

Sobre o Autor

Nuno Ribeiro

Gestor focado no negócio dos Media em plataformas digitais.
Desde 2008, é diretor de Negócio Multimédia do grupo Controlinveste.
Anteriormente esteve mais de oito anos a gerir a unidade de negócios
de Internet do grupo Cofina Media, onde viabilizou economicamente
os projetos digitais deste grupo editorial. Entre 1997 e 2002, foi consultor
do secretário de Estado da Comunicação Social para a área digital.
Fundou, em 1995, o site A Telefonia Virtual, que durante os sete anos
de existência foi a referência na indústria de Rádio em Portugal.
É embaixador para Portugal da única associação mundial
de profissionais e líderes em operações e tecnologia de publicidade on-
line - AdMonsters e regularmente escreve artigos de opinião para os
jornais Diário de Notícias e Meios & Publicidade.
Licenciou-se em Economia na Universidade Católica de Lisboa, onde
também concluiu um curso avançado de Gestão de Empresas Tecnológicas
e uma pós-graduação em Gestão de Media e Entretenimento.

Blog: www.cibertransistor.com
Linkedin: www.linkedin.com/in/nunoribeiro

www.ingramcontent.com/pod-product-compliance
Lightning Source LLC
Chambersburg PA
CBHW051237170526
45165CB00004B/1461